CONSULTATION

DE M^E. DUVERNE,

AVOCAT A LA COUR ROYALE DE PARIS,

SUR

LE PROCÈS DE L'ÉVANGILE, in-32.

Erudimini, vos qui judicatis terram.
Instruisez-vous, vous qui jugez la terre.
PSEAUMES. C. 2, V. 10.

A PARIS,

CHEZ TOUS LES MARCHANDS DE NOUVEAUTÉS

DU PALAIS ROYAL,

ET CHEZ L'AUTEUR, RUE SAINT-JACQUES, N°. 71.

1826.

IMPRIMERIE ANTE°. BOUCHER,

Rue des Bons-Enfans, n°. 34.

CONSULTATION

DE Me DUVERNE,

AVOCAT A LA COUR ROYALE DE PARIS.

LE CONSEIL soussigné ayant pris lecture,

1° Du *Mémoire à consulter* du sieur TOUQUET, Libraire ;

2° Des *Motifs du jugement* y annexés ;

Et CONSULTÉ sur ces deux questions :

« La publication des passages de l'Évangile, qui ne con-
» tiennent ni miracles, ni mystères, équivaut-elle à la né-
» gation de ces miracles et de ces mystères ?
» La négation des miracles et des mystères de la religion
» de l'État, lorsqu'elle est professée avec décence et sans
» dérision ni termes de mépris, est-elle un outrage à cette
» religion ? »

ESTIME que la négative de ces deux questions est aussi fondée en droit qu'en raison.

ANALYSONS d'abord les faits exposés dans le *Mémoire* du consultant.

Le sieur TOUQUET, éditeur de la *Bibliothèque populaire*, dans le format *in*-32, en a publié une livraison intitulée : ÉVANGILE, *partie morale et historique*.

Cette livraison a été saisie et incriminée, comme contenant dans *son ensemble* et dans *ses détails,* outrage à la religion de l'État et à la morale religieuse.

Le Ministère public a pensé que le *silence* sur les miracles emportait *négation* des miracles; que la négation des miracles équivalait à la négation de la divinité de JÉSUS-CHRIST; et que la négation de la divinité de JÉSUS - CHRIST constituait un outrage à la morale religieuse et à la religion de l'État.

Les premiers juges ont construit, sur ces erreurs, l'édifice de leurs propres illusions. Ils ont considéré qu'imprimer seulement la *partie morale et historique de l'ÉVANGILE,* c'était *mutiler* l'ÉVANGILE; que cette *mutilation* était un *fait positif,* qui présentait, comme complet, ce qui ne l'était pas; qu'elle était faite dans l'intention de nier la divinité de JÉSUS-CHRIST, et qu'elle tendait à tromper les gens peu instruits, en représentant l'auteur de la religion chrétienne comme un *homme* et comme un *simple philosophe.*

De l'ensemble de ces faits naît cette seule question de droit :

La PUBLICATION *de la* PARTIE MORALE *de l'ÉVANGILE,* ou, en d'autres termes, *l'*IMPRESSION *d'une partie d'un livre tout religeux , est-elle un* DÉLIT *?*

Mais, comme la solution de ce problème fort simple dépend néanmoins d'une combinaison de conditions politiques, religieuses, morales et juridiques, nous diviserons, pour y parvenir, la question générale en quatre questions particulières.

Ainsi, nous en ferons :

1° Une question *politique* et de *tolérance ;*

2° Une question *dogmatique* et *religieuse ;*

3° Une question *philosophique* et de *morale ;*

4° Une question *juridique* et de *droit criminel.*

(5)

§. Ier. QUESTION POLITIQUE ET DE TOLÉRANCE.

« CHACUN professe sa RELIGION avec une égale liberté, et
» obtient pour son culte la même protection. » Tels sont les
termes de l'art. 5 de la Charte.

Mais, qu'est-ce que la RELIGION ?

Dans un *sens générique*, la *religion* est le sentiment qui
élève à cette morale que Dieu a gravée dans l'âme de
l'homme, pour éclairer sa conduite [1]. Sous ce point de
vue, la *religion* est le piédestal de l'humanité.

Dans un *sens collectif*, la *religion* est une tradition de
préceptes, de dogmes et de rites sacerdotaux. Sous ce point
de vue, c'est l'érection d'une bannière qu'adopte une secte,
ou plutôt une multitude.

Dans le *sens individuel*, la *religion* est un ecclectisme
ou choix de traditions et de doctrines, avec ou sans culte
particulier. Sous ce point de vue, elle est le *vade mecum*
des principes de l'honneur et de la probité.

Maintenant, quel est le sens légal du mot RELIGION ?

Il suffit de combiner les art. 5. 6 et 7 de la Charte, pour
se convaincre qu'il s'identifie avec le sens *collectif*. C'est
par cette raison qu'on traite de philosophes les hommes
(pieux même) qui n'appartiennent exclusivement à aucune secte.

Du sens *légal*, ainsi précisé, du mot RELIGION, se déduit
cette conclusion, d'ailleurs fondée sur l'autorité des livres de
toutes les religions, que chacune d'elles est attestée par des
miracles.

---

[1] Ἱν' αναπολογητος εν τῇ θεια αρισει πας ανθρωπος ῇ, ἔχων το
βουλημα τον νομου γραπτον εν τη εαυτου καρδια.

ORIG., c. Cels., lib. I, §. 4.

Alors, on le demande, est-ce outrager une RELIGION, que de passer sous silence ses *miracles*, en publiant ses *doctrines?*

La question doit être envisagée dans toute sa généralité. L'art. 5 de la Charte n'autorise aucune distinction.

Ainsi, par exemple, ou l'éditeur du *Koran*, si, en l'imprimant, il en omettait les miracles, outragerait la religion mahométane, et par là, préluderait à l'intolérance; ou l'éditeur de l'ÉVANGILE n'outrage pas le christianisme, si, en imprimant l'Évangile, il en omet les miracles.

Il ne reste qu'un tiers-parti, le seul bon, il est vrai : c'est que les miracles sont indifférens à la morale, et qu'on peut, dans toutes les religions, les passer sous silence.

Mais, entrant dans le système exclusif de l'accusation, peut-on dire que l'art. 5 de la Charte ne considère que les *personnes*, et ne s'occupe pas des *choses;* que dès-lors, chacun, suivant sa foi, peut aller au temple, à la synagogue, à la mosquée; mais que nul ne peut prétendre que la Charte protége d'autre livre religieux que l'ÉVANGILE?

Nous répondrons que la Charte n'accorde pas une protection plus *explicite* à la *Bible* qu'au *Koran;* et qu'en admettant même le droit *implicite* de l'*Évangile* à la protection spéciale de la Charte, on ne saurait encore en conclure que ce privilége s'étendît jusqu'à interdire l'impression partielle de ce livre. Une pareille interprétation répugne également aux principes de la tolérance, à la liberté civile et commerciale, et même aux progrès de la morale évangélique.

Aux principes de la tolérance ! Car l'impression partielle d'un livre d'une religion, peut être nécessaire à l'exercice d'une autre. Alors, ne serait-il pas absurde de soutenir que la loi prohibe implicitement cette impression? La liberté et la protection dont elle parle ne seraient plus qu'une grossière contradiction ou une déception tyrannique. Qui veut la fin veut les moyens. Et comme on ne peut exiger qu'un citoyen déclare quelle religion il professe, la conséquence toute naturelle est qu'on ne peut pas davantage exiger qu'il déclare pour quelle religion il imprime.

A la liberté civile et commerciale! car l'écrivain du *Nouveau-Testament* n'est plus de ce monde; son ouvrage est tombé dans le domaine public; et, par conséquent, chacun peut en imprimer la partie qu'il lui plait. Créer un droit spécial pour la *Bible*, c'est ce qui n'appartient pas aux tribunaux; et, d'ailleurs ce droit (si l'on pouvait ainsi nommer une folie de l'esprit humain) consacrerait une idolâtrie d'autant plus révoltante, qu'elle aurait un requisitoire pou rituel, et le Code pénal pour bréviaire.

Mais c'est *aux progrès de la morale évangélique, surtout*, que nuirait si honteusement une si ridicule interprétation. En effet, la prohibition d'imprimer cette morale, séparément des miracles, ne lui fermerait-elle pas la voie qui la mène aux plus nobles conquêtes? Assurément, il n'est pas d'homme éclairé qui ne soit édifié par la lecture de l'ÉVANGILE, *purgé des miracles*. Qui ne serait touché même de ce divin langage? « Venez à moi....; je suis humble de cœur.....; mon joug est doux [1].....; j'aime mieux la miséricorde que le sacrifice [2]. » Mais avec les miracles, au contraire, quel sectaire ne rejetera pas l'*Évangile* comme l'œuvre d'une imposture réprouvée par sa propre religion? Il faut l'avouer, ce serait un grand bien qu'une édition de la *morale* de ce livre pût le soustraire à la critique de l'esprit fort et aux préjugés opiniâtres de l'esprit de secte.

[1] MATH., XI, 28, 29, 30.
[2] *Ibid.*, XII. 7.

Résumons-nous. L'éditeur de l'Évangile *in*-32 a publié un livre qui ne contient rien d'irréligieux ; disons mieux, un livre éminemment moral : il a usé du droit qu'il avait d'imprimer tout ce qui peut convenir à sa religion, à son commerce, aux progrès de la morale chrétienne même ; et comme il ne blesse la morale d'aucune croyance, on ne peut admettre qu'il en ait outragé une seule.

§. II. QUESTION DOGMATIQUE OU RELIGIEUSE.

Nous allons examiner l'autorité des miracles. Nous verrons qu'ils ne prouvent pas du tout (comme l'ont prétendu l'accusateur et les juges du consultant) la divinité de JÉSUS-CHRIST, et par conséquent de la religion qu'il a fondée.

La mission de JÉSUS-CHRIST fut toute de *prédication*. Dès l'âge de douze ans, il disputa avec les docteurs, et les surprit par la sagesse de ses réponses [1]. Bientôt il prêcha publiquement dans le temple et dans la synagogue [2]. Tout le monde venait de grand matin pour l'écouter [3]. Il prêchait la parole de Dieu [4], et annonçait le royaume des cieux [5]. Il disait que son royaume n'était pas de ce monde [6] ; mais pendant qu'il y fut, il enseigna la pratique du bien, repoussa l'orgueil et l'ambition, et donne toujours l'exemple de la vertu qu'il prêchait [7]. En un mot, ce fut pour *prêcher* que JÉSUS-CHRIST fut envoyé [8], et non pour faire des *miracles*.

1) LUC, II, 42, 46, 47.
2) JOANN., XVIII, 19, 20.
3) LUC., XXI, 38.
4) MARC., II, 2.
5) MATTH., IV, 17.
6) JOANN., XVIII, 36.
7) *Act. apost.*, X, 37, 38.
8) LUC., IV, 43, 44.

Cependant , aux noces de Cana, Jésus-Christ changea de l'eau en vin. Ce fut son premier miracle ([1]. Il ne l'opéra qu'au milieu de ses disciples et sans bruit. Il en agit de même dans la suite : ce fut toujours à des circonstances particulières qu'on dût la manifestation des *miracles* : Jésus-Christ n'en fit jamais un moyen authentique d'attester officiellement sa mission et sa puissance ; loin de là, il défendait d'en parler [2]. Malheureusement, il eut affaire à des indiscrets qui le trahirent , en le publiant par tout le pays [3]. Jamais la renommée ne peut se réduire à la vérité [4]; mais la vive reconnaissance d'un bienfait, tout en y ajoutant, en rend l'exagération même excusable.

Nous allons envisager la question sous un point de vue plus lumineux encore.

Jésus fit très peu de *miracles* dans son pays [5]. Le fait est que personne n'est prophète chez soi : c'est ce qu'il dit lui-même [6]. Il est vrai qu'il en fait un reproche d'incrédulité [7]; mais que conclure de là ? qu'un *miracle* n'était ni un acte de la toute-puissance de Jésus-Christ, ni une preuve de sa mission ; autrement, quel endurcissement aurait pu résister ?

Passons aux *miracles* que Jésus-Christ a faits hors de son pays : ils n'offrent pas de preuves plus solides. Il ne les fit toujours qu'au milieu de ses amis ; c'est ainsi qu'il appelait ses serviteurs [8], ou, pour mieux dire, les gens de son

---

9) Joann., ii, 11.

(2 Matth., ix, 27 ad 30.

3) Mattht. ix , 31.

4) *Nunquàm ad liquidem fama perducitur.* Quint. Curc., ix , 2.

5) Matth., xiii, 57.

6) Marc., vi , 4, 5, 6.

7) Matth., xiii, 58.

8) Joannes, xv , 14, 15.

choix (¹ : eux seuls accordaient pleinement la foi qu'il de-
mandait (² ; et, dès-lors, rien n'était infaisable ; car tout
est possible, si l'on peut croire (³. En effet, dites à une
montagne : Ote-toi de là , et jette-toi dans la mer ; vous
êtes sûr que la montagne obéira , si vous l'avez cru (⁴.

Mais quant à ceux, en assez grand nombre, qui ne croyaient
pas, c'est tout différent. Si les *miracles* eussent été des
preuves, c'était le cas d'en multiplier l'usage. Pas du tout.
D'une part, JÉSUS-CHRIST abandonne les endurcis au pouvoir
futur de l'esprit consolateur (⁵ ; de l'autre, les Pharisiens
demandent-ils un signe pour croire ? JÉSUS, au lieu de les
convaincre, les repousse avec indignation. « La nation mé-
» chante et adultère, dit-il, demande un signe ? il ne lui
» en sera point donné (⁶ ; » puis il les laisse et s'en va (ª.
Du reste, ce langage et cette conduite sont d'autant plus extraordinaires, que JÉSUS dit : « Je ne suis pas venu pour
» appeler les justes , mais les pécheurs (³. » Pourquoi

¹) JOANN., XV, 16.

²) L'exaltation de l'imagination, quoiqu'elle n'influe pas sur les corps
extérieurs, produit sur l'individu affecté des effets incompréhensibles. Ce
sont, suivant M. Virey, de véritables *miracles* (Voyez *Dict. méd.* v°.
IMAGINATION). Les jeûnes, les pénitences, les macérations (comme le
remarque judicieusement ce savant médecin), auxquels on avait soin
de préparer les adeptes, enflamment l'imagination, provoquent l'en-
thousiasme et favorisent ces *miracles*. C'est par ce moyen qu'il s'est opé-
ré des cures merveilleuses sur le tombeau même du diacre Pâris, et que
Jeanne Monler se faisait donner cent coups d'un lourd chenet, dont les
blessures profondes lui causaient de saintes et voluptueuses extases. Fié-
nus a écrit un livre assez curieux : *de viribus imaginationis*.

³) MARC., IX, 22.

⁴) MARC., XI, 23.

⁵) JOANN., XVI, 7, 8 ,9 , 10 , 11.

⁶) MATTH. , XII, 38, 39.

ª) MATHT., XVI,4.

³) *Ibid.*, IX,13.

donc les repoussait-il, si, *par ses miracles*, il eût pu les convertir? et il n'y a pas de doute qu'il l'eût pu, si les *miracles* eussent été des preuves de sa toute-puissance.

Ce n'est pas tout. Jésus-Christ fit même beaucoup de *miracles* devant les Juifs, mais ils n'y purent jamais croire (4. Alors, de deux choses l'une : ou les *miracles* n'étaient pas des *preuves surnaturelles*, ou la puissance divine de Jésus-Christ était en défaut. Or, comme ce dernier cas n'est pas supposable, il faut en conclure que les *miracles* ne prouvent ni la mission de Jésus-Christ, ni l'autorité de l'Évangile, ni la divinité de la religion chrétienne ; car il est de l'essence d'une preuve, de prouver à tous et partout, surtout lorsqu'elle part de la main de Dieu (5.

Aussi jamais Jésus-Christ n'a-t-il dit : *Les miracles* que j'ai faits *condamneront ;* mais il dit toujours : « *La parole* » que j'ai annoncée *jugera* au dernier jour (¹. » Et-lors- » qu'il dit : « Aimez-vous les uns les autres ; aimez votre » prochain comme vous-même, *toute la loi* et les pro- « phètes sont renfermés dans ces commandemens (², »

---

¹) Joann., xii, 37.

⁵) Julien ne nie pas que Jésus-Christ ait guéri des boiteux et des aveugles (St. Cyrille, lib. 6). D'autres en faisaient autant. Celse suppose que Jésus-Christ a pu faire des choses surprenantes ; il ne les nie pas, par la raison qu'il ne faisait rien de plus alors que les magiciens. Origène (*Cont. cels.*, pag. 7, 30 et 53), Tertullien (*Apolog.*, c 21 et 22), et Lactance (*Div. inst.*, lib. ii, c. 16 et 17), parlent dans le même sens ; seulement ils déclarent que Jésus-Christ opérait par la toute-puissance divine, tandis que Simon, Apollonius de Thianes et autres charlatans, n'opéraient que par science magique. Ainsi on ne distinguait pas les miracles par la nature des faits, mais par la qualité de leurs auteurs.

¹) Joann., xii, 48.

²) Matth. xxii, 37, 38, 39, 40.

a-t-il *sous-entendu* qu'il fallait de plus *croire* aux MIRACLES ?
Dans tous les cas, ce n'est pas aux tribunaux de le supposer. Sur quoi pourrait-on fonder cette interprétation irri-
tante ? les sentimens d'aucun père de l'église, d'aucun
homme de génie, ne viendrait l'appuyer. Les uns et les
autres ne présentent les *miracles* que comme des accessoires,
souvent peu utiles, et quelquefois inconvenans [1]. Bèze,
par exemple, déclare que la *foi* qui se fonde sur les *mira-*

[1] Voyez le *miracle* des deux mille pourceaux (MARC, ch. v). On
est étonné d'y voir JÉSUS-CHRIST converser avec le diable ou les dia-
bles, et leur accorder tout ce qu'ils lui demandent, comme s'il n'a-
vait rien à leur refuser. L'historien pourrait bien avoir écrit une fable.
« *Les gens trop crédules diront-ils qu'il n'y a jamais eu de fables chez*
» *les Chrétiens ?* » Nous les renvoyons à l'abbé *Fleury* (*Hist. eccl* ,
préf., §. 5), d'où nous tirons cette phrase. Tous les exorcismes dont
fourmille l'ÉVANGILE peuvent être susceptibles de la même observa-
tion. Du reste, toutes les religions ont eu leurs *possédés* et leurs exor-
cistes. (Voyez *Justin*, *Origène*, *saint Augustin*, *Eusèbe*, etc.) *Possi-*
donius, fameux médecin du ivᵉ siècle, considère les *possessions*
comme de simples maladies. M. de *St.-André*, savant médecin du dernier siècle, attribue ces maladies au dérèglement de l'imagination, aux
vapeurs, à l'excès de la continence. « Ceux, dit-il, qui ont voulu jouer
le genre humain, ont trouvé de grandes ressources dans la matière des
exorcismes. » En voici une preuve tirée de la *Chronique scandaleuse*
« Du temps du roi Louis XI, furent grandes nouvelles partout le
» royaume et autres lieux, d'une fille de dix-huit ans ou environ, qui
» étoit en la ville du Mans, laquelle fit plusieurs folies et merveilles, et
» disoit que le diable la tourmentoit et la sailloit en l'air, crioit, escu-
» moit, et faisoit moult autres merveilles, en abusant plusieurs per-
» sonnes qui l'alloient voir ; mais enfin on trouva que ce n'étoit que tout
» abus, et qu'elle étoit une méchante folle, en faisant lesdites folies et
» diableries par l'exhortement, conduite et moyens d'aucun des officiers
» de l'évêque dudit lieu du Mans, qui la maintenoient et en faisoient ce
» que bon leur sembloit, et qui auxdites folies faire l'avoient ainsi in-
» duite. » (Voyez aussi M. de *Thou*, liv. 133, *Hist. de Marthe Bros-*

cles n'est point assez ferme [1]. Saint Augustin en parle comme de moyens physiques, propres à exciter et soutenir l'attention [2]. « Oui, je le soutiendrai toujours, l'appui » qu'on veut donner à la croyance en est le plus grand obs- » tacle : ôtez les *miracles* de l'ÉVANGILE, et toute la terre » est aux pieds de Jésus-Christ [3]. » Par ce retranche- ment, en effet, le précieux livre de l'ÉVANGILE (comme nous l'avons déjà dit) serait soustrait aux attaques de l'es- prit fort, et aux préjugés superstitieux de l'esprit de secte.

Cependant, il faut le dire, quelques théologiens, récapi- tulant les preuves du christianisme, placent les *miracles* à côté du témoignage historique et de l'évidence intérieure des doctrines et des préceptes de l'ÉVANGILE [4]. Nous leur répondons :

Premièrement, nous admettons que les *miracles* soient une preuve ; toujours est-il que, de votre propre aveu, ce n'est pas la seule. Or, quant à nous, l'évidence intérieure de la morale évangélique entraîne seule notre conviction. Quel besoin avons-nous d'une autre preuve ? Êtes-vous dé- terminé par l'une ? nous le sommes par l'autre. Les vou- lez-vous toutes à-la-fois ? une seule nous suffit. Qui a le plus de foi ? Et d'ailleurs, lorsqu'on est d'accord sur la chose prouvée, qu'importe le nombre et la nature des preuves ? En quoi différons-nous donc ? Disons plus : il y a une diffé-

sier, et *Bayle* ; art. Radziwil.) On connaît le bon mot du prince de Condé à un possédé de Bourgogne : *Monsieur le Diable, si tu ne te tiens en repos, je rosserai ton étui d'importance.*

[1] Joann., c. II, v. 23.

[2] *Ad consent. ep.* 120. St. Augustin poursuit, et compare, en quelque sorte, les miracles à ces danses de corde, qui étonnent par la difficulté, et à cette musique théâtrale, qui soutient l'attention par le plaisir.

[3] J. J. Rousseau, Lett. de la Mont., 3.

[4] John Evans's, Sketch of the several religions,

rence qui nous honore, puisque JÉSUS-CHRIST, n'usant des *miracles* que comme moyens spéciaux, en faisait (en quelque sorte) un sujet de blâme; car, disait-il avec une juste indignation : « Si vous ne voyez des *miracles* et des pro-» diges, vous ne croyez point [1]. »

Secondement, le célèbre Sherlock reconnaît que les livres du nouveau Testament se composent d'élémens historiques, doctrinaux, controversiblés et mixtes, ou provenant du mélange des deux derniers [2]. Nous partageons le sentiment de ce savant évêque, et nous n'hésitons pas à placer les *miracles* en première ligne de la partie *sujette à controverse*. Il y a plus; une autorité qui, sans doute, n'est pas suspecte, nous en impose le devoir. « Les disciples de JÉSUS-» CHRIST, dit l'abbé Houtteville, furent les derniers des » hommes, et les plus grands ignorans de la terre, et, par » conséquent, les gens les plus capables de crédulité gros-» sière [2]. »

Troisièmement, suivant l'ÉVANGILE même, les *miracles* ne sont qu'une *confirmation* de la parole de Dieu [3]. Or, une confirmation n'est pas une preuve. La preuve rend une chose évidente; la confirmation la rend *plus évidente* seulement. Aussi, « les *miracles*, dit saint Augustin, supposaient la foi dont ils achevaient l'édifice; car il ne s'agissait » pas de commencer ce qui n'était pas, mais d'accroître ce » qui était commencé [4]. » Il résulte évidemment de là, qu'une *confirmation* ne prouve rien; seulement elle confirme.

[3] JOANN., IV, 48.

[2]) See SHERLOCK's Sermons, 1st. vol.

[2] Lettre 10, pag. 169.

[3] MARC., XVI, 20.

[4] Miraculis ædificabatur fides.... ut ea quæ jam esse cœperat cresceret JOANN. II, 49.

6. Au surplus, si la confirmation est l'épreuve qui rapproche le plus de la vérité, nous le demandons encore, qui a le plus besoin de CONFIRMATION de la *morale évangélique* ou des *miracles ?* ce sont les MIRACLES : personne n'en peut douter.

§. III. QUESTION PHILOSOPHIQUE ET MORALE.

Nous allons examiner si la *négation* des MIRACLES, lorsqu'elle est présentée sous la forme d'un doute raisonnable, peut blesser la *morale* et la *religion.* Nous justifierons facilement un pareil doute.

Qu'est-ce qu'un *miracle ?* — Selon l'origine du mot, c'est une chose admirable ; selon les idées reçues, c'est une violation des lois divines et éternelles ([1]

Rien de plus commun jadis que les *miracles.* Le talent d'en faire était la science infuse des temps d'ignorance. Alors on ne contestait à nul inspiré, magicien ou illuminé, le pouvoir d'en imposer par des prestiges. Aussi, le *vrai* CHRIST, après avoir déclaré qu'il ne donnera point de signes, annonce de *faux Christ* qui en donneront. „« Ils feront » dit-il, de grands signes, des prodiges capables de séduire » les élus même, s'il était possible ([2]. » Heureusement, personne ne croyait alors qu'aux *miracles* de sa propre religion ; mais, malheureusement, il s'en fit d'équivoques, qu'il était aussi difficile d'admettre que de rejeter. On le verra tout-à-l'heure. Ce n'est pas tout : « la succession des temps » (comme le remarque saint Thomas) n'a-t-elle pas aussi » multiplié les articles de foi ([3]? » N'est-on pas redevable de quelques-uns même aux vaines argumentations de la

[1] VOLTAIRE, *Dict. phil.*
[2] MATT. XXIV, 24.
[3] *Sec. secund. quæst.*, 1, art. 7.

théologie (¹. Les faussaires n'ont-ils pas encore ajouté leur travail à ce triple dépôt? c'est ce que prouvent les plus respectables témoignages (². Comment, au milieu [de tout cela, distinguer les œuvres de Dieu de celles des charlatans (³?

« Dans les choses, surtout, qui regardent la conduite de
» la vie, il faut s'interroger soi-même, et s'en rapporter
» plutôt à son propre jugement pour découvrir la vérité, que
» d'accepter les erreurs des autres, comme si on était privé
» de sa propre raison. Dieu a donné à chacun sa portion de
» sagesse, afin qu'il pût scruter ce qu'on lui cache, et exa-

¹) St. Augustin dit, en parlant de la Trinité. *Dictum est : tres personæ, non ut aliquid diceretur, sed ne taceretur.* (De TRINIT., l. v, c. 9.)

²) Un fameux faussaire (*Lucetus*) a fait presque tous les actes attribués aux apôtres, et remplis de *miracles*. (TILLEMONT, tom. II, pag. 446.) Siméon et Cléobius firent paraître plusieurs ouvrages sous le nom de JÉSUS-CHRIST et des apôtres. (*Const apostol.*, l. I, c. 16.) *Origène* se plaint de ce qu'on falsifiait ce qu'il disait et ce qu'il écrivait. (TILLEMONT, *Vie d'Origène*, t. III, p. 528.) *St. Irénée, Eusèbe* et *St. Jérôme* n'ont pas connu le martyre et les miracles de St. Clément. (TILLEMONT, t. II, p. 605.) On fait mourir les apôtres dans les supplices, et le fait est qu'on ignore comment ils sont morts (*quo mortis genere decesserint apostoli, planè nobis ignotum est. D. THIER. RUINARD, Act. sinc.*, p. 1.) Il parait qu'ils moururent tranquillement dans leurs lits. (CLÉMENT D'ALEX., *Strom.*, lib. 4.) Joseph *Scaliger* signale beaucoup d'autres faussetés. Jacque *Godefroy* en a découvert même dans le code Théodosien, qui sont attribuées à des gens d'église, alors seuls assez instruits pour faire un pareil travail en faveur de leur puissance. *La fin excuse les moyens*, est une maxime éminemment politique et religieuse du bon temps.

³) Ουχετλιον υπο των αυτων εργων τον μεν Θεον, τους δε γοητα ηγεισθαι, dit ORIGÈNE lni-même, liv. II, pag. 89, *Cont. cels.*

» miner ce qu'on lui montre. Pour nous avoir précédé dans
» les temps, nos ancêtres ne nous précèdent pas en sa-
» gesse : elle passe à chacun, et n'appartient à personne
» par droit d'aînesse. Elle s'épanche comme la clarté du
» soleil ; et si le soleil est la lumière de l'œil, la sagesse est
» la lumière du cœur humain. Ainsi, comme la philoso-
» phie, c'est-à-dire, la recherche de la vérité, est innée
» dans tous les hommes; c'est renoncer à la philosophie
» que d'admettre sans examen les traditions des anciens et
» marcher à la suite des autres comme un troupeau
» de bétail.... Qui nous empêche d'imiter nos devanciers,
» et, de même qu'ils transmirent leurs erreurs à la posté-
» rité, de transmettre à la nôtre les vérités que nous décou-
» vrons (1) » C'est ainsi que raisonne un savant et un élo-
quent homme d'église. Cela posé, raisonnons aussi.

L'esprit humain est particulièrement avide de merveilleux (2. Tous les législateurs et les sectaires de l'antiquité
la plus reculée ont reconnu cette vérité; la raison leur en
indiquait la puissance : aussi n'en ont-ils pas négligé la pratique. Il est certain, du moins très-probable, qu'ils en im-
posèrent à la multitude par des faits dont l'ignorance com-
mune ne pouvait apercevoir la cause. Le maître de la superstition, c'est le peuple; et, en pareil cas, ce sont les
sages qui suivent les fous ; les preuves sont appropriées aux
faits dans un ordre inverse (3 ; et, comme dit saint Augustin, « on croit à proportion de l'absurdité (4. » Voilà comment les *miracles* devinrent si faciles, et tant de gens s'en
mêlèrent.

1) LACTANCE, *Inst. div.*, lib. 11, c. 8, *de rationis usu in religione
oraculis, talibusque portentis.*)

2) Cupidine humani ingenii, libentius obscura creduntur. (TACITE,
histor.)

3) BACON's *Essay on* superstition.

4) S. Augustin.

Doit-on tout admettre ? Peut-on distinguer ?

Rejetant ceux des prêtres [1], des chasses et des reliques, s'en tiendra-t-on à ceux attribués à Jésus-Christ et à ses apôtres, auxquels seuls il communiqua la puissance d'en faire ?

Mais voilà que Jésus-Christ répond à Jean, qui lui signale un faux frère *opérant des miracles :* « Ne l'en empê- » chez pas, car il n'y a personne qui, ayant fait des mira- » cles en mon nom , ne puisse aussitôt mal parler de » moi [2]. » Quoi! on pouvait faire des *miracles* au nom de Jésus-Christ ! et Jésus-Christ tolérait l'imposture pour étouffer la calomnie !

Quelle perplexité ! quelle incertitude ! Quel parti prendre?

Respecter la divine, la sublime *morale* de l'Évangile, qui, pure comme la lumière, se prouve par sa propre évidence ; et, quant aux *miracles* et aux *prodiges*, prêcher le doute examinateur, parce que l'histoire entière nous apprend que la *certitude* est la doctrine de l'erreur et du mensonge, et l'arme constante de la tyrannie [3]. Le doute, en matière de *miracles*, est expressément commandé par l'his-

[1] Les pères du concile de Nicée placèrent sur un autel tous les *évangiles* d'alors (cinquante-quatre au moins); ils invoquèrent le St.-Esprit ; de suite les mauvais *évangiles* tombèrent par terre, et les bons (les quatre qui nous restent) restèrent sur l'autel. Chrysante et Musonius ressuscitèrent pour signer le procès-verbal, et puis retournèrent d'où ils étaient venus.

[2] Marc., x, 38, 39. Matth., vii, 23, 23.

[3] L'auteur à qui nous devons cette réflexion la justifie ainsi : « Le » plus célèbre des imposteurs et le plus audacieux des tyrans (Maho- » met), a commencé son livre (le *Koran*) par ces mots : *Il n'y a pas* » *de doute dans ce livre ;* il conduit droit celui qui marche aveuglé- » ment, celui qui reçoit sans discussion ma parole qui sauve le simple » et confond le savant. » (Volney, *Leçons d'histoire à l'école nor- male*, 3e. séance.)

toire, par la nature des choses, et par les autorités religieuses.

1º *Par l'histoire.* « Faute des secours de la critique, on » reçut trop aisément des écrits supposés, sous des noms » illustres d'auteurs ecclésiastiques, et on devint trop cré- » dule pour les *miracles....* Les histoires qui en contenaient » un plus grand nombre et de plus extraordinaires, étaient » les plus agréables [1]. » Maintenant peut-on raisonnablement admettre (comme l'affirme le savant Faustus) que les *Évangiles* ne furent écrits, ni par Jésus-Christ, ni par ses apôtres; mais qu'ils furent rédigés par des inconnus qui, jugeant avec raison qu'ils n'obtiendraient pas de crédit, placèrent en tête de leurs récits le nom des apôtres contemporains [2]? Au moins, cette opinion n'est-elle pas destitué de vriasemblance. En effet, les Écritures même présentent les plus célèbres apôtres comme des hommes illétrés et du commun du peuple [3]; et, comme nous l'avons déjà dit, l'abbé Houteville, ce zélé catholique, avoue que les disciples de Jésus-Christ étaient les derniers des hommes et les plus ignorans. Aussi, des cinquante-quatre *évangiles* sortis de la plume des inconnus dont parle Faustus, le concile de Nicée n'en admet que *quatre*, tant il fallait que ces productions fussent erronées! Peut-être même ces *quatre évangiles* avaient-ils été récemment écrits. Quoi qu'il en soit, c'est Justin qui, le premier, les fit connaître : jusqu'alors les pères de l'église n'avaient cité que les apocryphes [4]. Depuis Justin jusqu'à Clément d'Alexandrie, ils

---

1) FLEURY, *Mœurs des Chrétiens*, §. 58.

2) Voyez BEAUSOBRE, *Hist. des Manich.*, vol. 1.

3) *Act. apost.*, IV, 13.)

4) BURIGNY, *Ex. des ap. de la relig. chrét.* — Tout ce qu'Abadie, Houtteville, Ditton, disent au contraire, n'est que du bavardage théo'ogique. Vainement on dirait même que Victor de Capoue cite

citent les apocryphes et les canoniques tout-à-la-fois; mais enfin la critique du concile de Nicée prévalut; et le pape St.-Léon *fit* tant *brûler d'évangiles suspects*, qu'il n'en resta presque plus. Toutes ces manutentions, d'ailleurs, paraissent expliquer des choses qui, sans cela, seraient inexplicables. Jésus-Christ, par exemple, a-t-il pu dire : « qu'on » ne pouvait être son disciple, sans haïr père et mère, frère ». et sœur, même sa propre vie [1] » A-t-il pu ordonner, comme un tyran de la terre, « d'amener ceux qui ne vou- » laient pas de lui pour roi, et de les tuer en sa pré- » sence [2] » A-t-il pu dicter sa généalogie de deux manières différentes [3] ? Établir huit béatitudes dans saint Mathieu, et quatre seulement dans saint Luc? Un pareil ouvrage sort évidemment de plusieurs têtes; il faut se mettre en garde contre les récits merveilleux et les intérêts des écrivains [4] : la *morale* seule de Jésus-Christ n'est pas moins attestée que celle de Socrate (qui n'a jamais rien écrit non plus), morale que Platon et Xénophon nous ont transmise avec leurs sophismes.

2°. *Par la nature des choses.* Un MIRACLE, c'est-à-dire,

---

quelques passages de Polycarpe, où il est question des quatre évangélistes : ces fragmens sont faux et indignes de celui auquel ils sont attribués. (Voyez TILLEMONT, tom. II, pag. 635.)

1) LUC., XIV, 26.

2) LUC., XIX, 27.)

3) *Symmaque* a écrit contre la généalogie de saint Mathien (TILLEMONT, tom. IV, pag. 108.)

4) Dans saint Luc, on commande d'employer les richesses mal acquises à se faire des amis, afin d'être admis, après la mort, dans les tabernacles éternels. (*Faeite vobis amicos de mammoná iniquitatis, ut cum defeceritis recipiant vos in æterna tabernacula.* XVI, 9.) Ces amis-là sont les prêtres. Ainsi, l'injustice est pardonnée si l'on en partage le fruit avec eux. Telle a été la source de la richesse du clergé. Ne serait-ce pas un intéressé qui aurait rédigé ce petit bout de morale?

un fait contraire aux lois divines et éternelles , est inadmis-
sible. Dieu maintient l'éternelle inviolabilité de ses propres
lois [1]. Sa sagesse n'a pas besoin de l'expérience des siècles;
sa volonté n'est pas ambulatoire comme celle de l'homme; ses
desseins ne varient pas avec le temps et les lieux : tout cela
n'est rien pour lui. Qui l'aurait donc porté à substituer à la
justice éternelle de ses lois l'anarchie momentanée d'un
privilége local ? la conquête et la soumission d'une secte ?
Mais n'est-il pas le Dieu de l'univers ? D'un autre côté,
ceux qui ont rapporté les *miracles*, les ont-ils vus? ont-ils
appris, dans Malebranche, à se défier des illusions de leurs
sens [2] n'en parlent-ils, au contraire, que par tradition ?
qui peut douter, avec de pareils témoignages, qu'Accius-
Navius n'ait (comme le dit Tite-Live) coupé une pierre
avec un rasoir; que la vestale Claudia n'ait tiré un bâtiment
amarré avec sa ceinture, et qu'Apollonius de Thyance n'ait
ressuscité une jeune fille à Rome? Il faut opposer à toutes
ces merveilles la maxime du président Dupaty : « Lorsque
» les hommes disent une chose, et que la nature des choses
» en dit une autre, c'est la nature des choses qu'il faut
» croire et non les hommes. » Inutile d'ajouter après cela
que le témoignage d'un homme éclairé est plus respectable
que les rapports d'une foule d'ignorans [3].

[1] Semper paret, semel jussit. (Senec. *de Provid*.)

[2] L'orthodoxie du P. Malebranche n'est pas douteuse Voici un pas-
sage de ses entretiens sur la métaphysique et la religion : « Comment
» est-ce que les simples peuvent être certains que les quatre *évangiles*
» que nous avons ont une autorité infaillible ? Les ignorans n'ont au-
» cune preuve qu'ils soient des auteurs dont ils portent les noms, et
» qu'ils n'ont point été corrompus........ Je ne sais si les savans ont des
» preuves bien sûres; mais quand nous serions certains que l'Evangile
» St. Mathieu, par exemple, est de cet apôtre, et qu'il est tel aujour-
» d'hui qu'il a été composé......... » Il faut lire, dans l'auteur, la suite
de cet entretien, le 13 et dernier de l'édition de Rotterdam, p. 340.

[3] Lact, *Div. Inst*, lib. 4

3º. *Par les autorités religieuses.* « Ce n'est pas seulement
» la simplité, dit Fleury, qui rend trop crédule : il y a des
» gens qui le sont par politique et par mauvais rafinement.
» Ils croyent le peuple incapable ou indigne de connaître la
» vérité (¹, et regardent comme nécessaire de l'entretenir
» dans toutes les opinions qu'il a reçues sous le non de *reli-*
» *gion*, craignant d'*ébranler le solide* en *attaquant le fri-*
» *vole.* Dans le fonds, ces politiques superbes sont eux-
» mêmes très ignorans; faute de connaître la religion, ils ne
» l'apprennent point sérieusement; ils n'y sont attachés que
» par les *préjugés* de l'enfance et par les *intérêts* temporels.
» Ils n'ont jamais examiné les preuves *solides* de l'ÉVAN-
« GILE, *l'excellence de sa morale et l'espérance des biens*
» *éternels* (². »

Peut-on condamner plus judicieusement, plus philoso-
phiquement et plus religieusement tout-à-la-fois, les bigots,
les ignorans et les *miracles?* Ouvrons encore saint Augustin; comment parle-t-il des *miracles?* Comme de faits
propres à exciter l'attention d'hommes endormis (³. Assurément, la science qui, de nos jours, enchaîne et déchaîne
le tonnerre dans un cabinet de physique, aurait été un
grand moyen d'excitation, un *grand miracle.* Ainsi, l'ignorance de la cause fait tout le *miracle;* car Dieu ne fait rien
d'irrationnel (⁴. D'un autre côté, s'il est vrai que les *mi-*
racles et les *mystères* ne soient que des figures, des types,
des paraboles, comme une foule de pères et de théologiens

---

¹) Ces fausses doctrines sont professées par Polybe (lib. 6) et par saint
Augustin (quam veritatem quâ liberetur inquirat, credatur ei expedit
quod fallitur. *De civit. Dei,* lib. 4, c. 27); et cela, disent-ils positive-
ment, pour empêcher que le peuple raisonne et devienne libre!

²) Préface de l'*Hist. ecclés.*, §. 5.

³) Ut tanquam dormientes homines, ad se colendum mirabilibus
excitaret. *In Johann.*

⁴) Saint AUGUST., *ad Consen.*, 120.

célèbres portent à le croire (¹, que deviennent les *miracles* et les *mystères* ? De véritables disputes de mots.

Nous n'avons point à nous occuper de ces folles abstractions, et nous revenons à la question réelle.

Les uns veulent que les *miracles* soient des faits que l'omnipotence divine seule a pu consommer ; les autres, au contraire, prétendent que ces faits n'exigent pas la main de Dieu : ils citent Élisée, Moïse, Josué, qui firent aussi de *grands miracles* ; ils s'appuyent même de l'autorité de Jésus-Christ, annonçant de *faux christs* qui feraient de *grands miracles*.

Les premiers pensent que les faits miraculeux prouvent, ou au moins confirment la divinité de Jésus-Christ; les seconds n'y voyent que des accessoires matériels qui auraient beaucoup plus besoin de preuves et de confirmation que la *parole* de Jésus-Christ et la *morale évangélique*.

En effet, si la morale de Socrate est d'un sage; la morale de Jésus-Christ est d'un Dieu.

Mais dans cette divergence d'opinions sur les *miracles*, de quel côté est l'*hérésie* ?

Nous l'ignorons et croyons inutile de le savoir.

Nous remarquerons seulement, avec saint Augustin, que ce qui est *hérésie* pour l'un ne l'est pas pour l'autre (¹, et que lorsque tout le monde est d'accord sur la *morale*,

---

¹) Litteram legis sequentes in infidelitatem et vanas superstiones incurrunt. (Origen., *in Matt.*, tract. 26) On a même accusé saint Augustin d'avoir rabaissé les *miracles*, pour appuyer le système typique. — Jenkins et plusieurs autres théologiens protestans se plaignent de ce qu'on a substitué des choses ridicules à ce mode d'interprétation des écritures.

¹) *Epist* 222. — Philastrius, dont l'ouvrage est dans la *Bibliothèque des Pères*, comptait cent cinquante-six hérésies; saint Epiphane n'en admettait que quatre-vingts. C'est pour les accorder que saint Augustin dit que ce qui est *hérésie* pour l'un, ne l'est pas pour l'autre. Dans la

peu importe de quelle manière chacun forme sa conviction.

« Au surplus, il n'y a que le souverain juge qui sache
» comment de telles erreurs seront punies; il les supporte
» avec patience; car elles peuvent être commises par
» piété [1]. »

C'est avec cette pureté de conscience que nous pensons
qu'il ne peut être outrageant pour la religion chrétienne,
si amie des lumières [2], de douter de l'utilité des *miracles*
et de leur existence même.

§. IV. Question juridique et de droit criminel.

Lorsqu'on est bien pénétré des lois de la matière et des
lumineuses discussions qui les ont préparées, le procès fait
à l'Évangile *in-32* est un sujet d'étonnement et d'affliction
publique.

On doit s'en étonner, dans un pays où la *liberté des
cultes* est un droit constitutionnel, et où la *liberté des
discussions philosophiques* est un droit acquis par une pres-
cription plus que trentenaire [3]; dans un pays où les
controverses philosophiques et théologiques doivent être

lettre de ce Père à Manès (ch. 2 et 3), il dit encore : « Pour moi, je dois
» vous supporter, comme on m'a supporté autrefois, en user envers
» vous de la même tolérance dont on usait envers moi lorsque j'étais
» dans l'égarement. »

1) Salviani, Mass. presbyt., *de Gubernatione Dei*, lib. 5.

2) Car il n'y a rien de caché qui ne doive être découvert, ni rien de
secret qui ne doive paraître en public. (Marc., IV, 22.) Celui qui
marche dans les ténèbres ne sait où il va. (Joann., XII, 35.) On n'al-
lume point une lampe pour la mettre sous le boisseau. (Matth.,
XV, 15.) — (Marc., IV, 21.) — (Luc., VIII, 16.)

3) Duc de Broglie, *Rapp. à la Ch. des Pairs*, loi du 17 mai 1819.

LIBRES [1]; où l'on ne confond point *l'outrage* et la *dérision*
avec la *controverse* PERMISE A TOUTES LES RELIGIONS [2];
enfin, où *l'outrage* et la *dérision* ne s'entendent que des
attaques gratuites et brutales [3], et des *insultes grossières* [4];

Et l'on doit s'en affliger dans un pays où la LOI est SANS
DISCERNEMENT sur la *vérité* ou *l'erreur*, *l'utilité* ou les
inconvéniens des *opinions* [5]; car si les expériences des
XVIe. et XVIIIe. siècles (comme le dit le profond orateur
que nous venons de citer), attestent son IMPUISSANCE, soit
à *établir* soit à *détruire des doctrines*, elles nous attestent
aussi que l'influence du jésuitisme, ne fût-elle que passa-
gère, peut blesser profondément la raison par des arguties,
et sacrifier plusieurs victimes à son hypocrisie et à son
ambition.

Mais quittons ces craintes chimériques, et examinons en
particulier les motifs du jugement annexés au *mémoire à
consulter* du sieur Touquet.

Trois griefs principaux y paraissent imputés à ce dernier :

1º. *Mutilation* de l'ÉVANGILE, pour tromper les lecteurs
peu instruits;

2º. *Intention* de NIER LA DIVINITÉ DE JÉSUS-CHRIST et
de la *religion catholique ;*

3º. Présenter comme *complet*, ce qui ne l'est pas.

I. D'abord, le consultant n'a *mutilé* aucun livre; il n'a
pas inséré les *miracles* dans le sien : voilà tout. Le droit
criminel n'admet pas de *mutilations* métaphoriques et ver-

---

[1] Comte PORTALIS, *Rapp. à la Ch. des Pairs*, loi du 22 mars 1822.
[2] Ministre de l'intérieur, même loi.
[3] Duc de BROGLIE, *loco citato.*
[4] M. CUVIER, commissaire du Roi, loi du 17 mai 1819.
[5] M. ROYER-COLLARD, loi du 17 mai 1819.

bales. Il n'y a qu'à lire l'art. 257 du Code pénal , et l'article 1er. de la loi du 17 mai 1819.

Ainsi, qu'un libraire imprime le *Code civil ;* qu'il en *retranche* ou *omette* un ou plusieurs articles , pourrait-il être poursuivi pour *mutilation* du Code civil? Non, sans doute. Cependant la loi n'est pas moins utile à l'ordre social que la religion.

La *mutilation* de l'ÉVANGILE, dit on, tromperait les gens peu instruits. La même raison milite en faveur de la loi civile. Est-ce là un corps de délit? Non ; le plaideur , qui ne trouverait pas, dans un code, d'article applicable à son affaire, recourrait au *Bulletin des lois,* ou s'adresserait à un jurisconsulte. De même, le dévot qui ne trouverait pas les *miracles* dans son ÉVANGILE , et qui ne saurait croire à l'excellence de sa doctrine qu'au moyen de choses incroyables, consulterait la *vulgate* ou son directeur. Il aurait même l'avantage, en achetant l'ÉVANGILE *in-32,* d'être averti par l'intitulé même qu'il n'a qu'une *partie* de l'ouvrage, et de posséder tous les préceptes du christianisme; tandis que l'omission d'un seul article du code, priverait d'un principe important. Du reste, les ignorans connaissent beaucoup mieux les *miracles* que la *morale ;* et il n'est pas si facile de les tromper là-dessus qu'un plaideur en matière de droit civil.

D'un autre côté, admettons un instant, que *sans miracles connus,* POINT DE VERTU POSSIBLE ; comment en conclure que l'ÉVANGILE, *purgé de miracles,* n'est plus qu'une déception ? Compromettrait-il la *religion* et la *morale publique ?* alors il faudrait que les *miracles* fussent la pierre angulaire du christianisme, et que la *morale* n'en fût que la pierre d'achoppement. Enfin, comment conclure qu'on peut tromper quelqu'un par cela même qu'on ne l'instruit pas ? Le droit criminel rejette de pareilles doctrines ;

et ce n'est qu'au tribunal de l'inquisition que le droit cano-
nique peut les admettre.

II. De la seule *omission des miracles*, les premiers juges
ont induit une INTENTION COUPABLE.

Il est de principe, en matière criminelle, que l'intention
seule ne constitue pas un délit. Il faut, de plus, un fait pré-
judiciable, et ce n'est même que de la nature de ce fait que
l'on conclut l'intention de nuire.

Ainsi, lorsqu'un individu enlève la propriété d'autrui on
accuse d'abord son intention, parce qu'un fait nuisible par
sa nature ne peut être l'acte volontaire d'un honnête
homme. Voilà une présomption de droit fondée sur la
morale.

Dans l'affaire de l'ÉVANGILE, les premiers juges ont ren-
versé ce principe. Ils *supposent* d'abord l'INTENTION DE
NUIRE, d'où ils en concluent que l'*omission des miracles* est
un FAIT NUISIBLE. C'est prendre le conséquent pour l'anté-
cédent; erreur d'autant plus dangereuse, en droit criminel,
qu'elle substituerait une abstraction personnelle à l'accusateur à un fait qui doit être personnel à l'accusé.

Reprenons les élémens de ce raisonnement, et les réta-
blissons dans leur ordre moral, logique et légal.

Le *fait nuisible*, puisque c'est de là que s'induit une
intention coupable, est donc, selon les premiers juges,
l'impression de l'ÉVANGILE, *moins les miracles.* La *morale
évangélique* SEULE est donc nuisible à la *religion?* Rien de
plus absurde, si ce n'est cette autre conséquence tirée du
même principe, que l'*omission des miracles* a pour but de
présenter JÉSUS-CHRIST comme un *homme* et non comme un
Dieu : d'où il faudrait conclure, en effet, que RIEN *ne
prouve la divinité de* JÉSUS-CHRIST que les *miracles*, que
dès-lors, la *morale évangélique*, au contraire, *n'ayant
rien de divin*, prouve que JÉSUS-CHRIST est *homme.* Les

deux natures n'ont pas été mieux prouvées par les théolologiens. Raisonnons en jurisconsulte.

De quel fait peut-on induire l'*intention coupable* du consultant? *De la dénégation* des MIRACLES? Mais il faudrait PROUVER cette DÉNÉGATION. Une *dénégation* est une opération de l'entendement; elle ne peut se manifester que par une déclaration précise. Or, l'éditeur de l'ÉVANGILE ne parlant pas des *miracles,* les a-t-il niés? Non, sans doute. Mais peut-on le supposer? Supposer une dénégation est une absurdité inquisitoriale; et recourir à une supposition, lorsqu'on est prêt à en faire la base d'une inculpation, c'est violer tout-à-la-fois les textes les plus positifs du droit et de la morale :

Du droit? car la mavaise foi ne se suppose pas (article 2268 du Code civil);

De la morale? car il ne faut pas juger selon l'apparence, mais selon la justice (¹.

Enfin, serait-ce du *silence* même, qu'on pourrait induire une *mauvaise intention?* QUI NE DIT RIEN CONSENT. C'est d'après ce principe même que l'on punit le non-révélateur d'un complot. Quel est donc le complot auquel participe l'éditeur de l'ÉVANGILE? Où sont les conspirateurs? qu'avait-il à dénoncer à la justice? qu'a-t-on découvert?

III. L'éditeur de l'ÉVANGILE *in-*32 (disent les premiers juges) *présente comme complet ce qui ne l'est pas ;* et ils déclarent cette imputation un *fait positif.* Comme ils avaient déclaré que la loi ne peut atteindre un *fait négatif,* on devait en conclure que l'éditeur n'était pas condamnable pour avoir *omis* les *miracles,* mais seulement pour avoir dit un *mensonge.*

¹) JOANN., VII, 24.

Dans ce nouveau système, pour qu'il y eût délit, il aurait fallu qu'un individu ayant acheté l'Évangile *in*-32, se fût plaint de n'avoir qu'une partie de ce qu'il croyait acquérir : *à tort ou à raison*, il aurait pu soutenir qu'on l'avait trompé en lui présentant comme complet ce qui ne l'était pas ; resterait la question de savoir à qui la faute.

Rien de tout cela.

Abstraction faite de toute escroquerie, on pose en principe que le fait seul de présenter comme complet ce qui ne l'est pas, est un corps de délit.

On se demande alors si les éditeurs des éditions *castigatæ* du *Quintillien* de Rollin, du *Voltaire* publié par extraits en un volume, et tant d'autres, ont été traduits en police correctionnelle ? Ils ne l'ont pas été.

Cependant l'éditeur de l'Évangile *in*-32 n'a pas plus qu'eux mis en tête de son édition le mot *complet ;* au contraire, il indique expressément que ce n'est qu'un extrait par ces mots : *Partie morale et historique.*

Mais enfin, ce n'est pas non plus pour le fait d'avoir présenté comme complet ce qui ne l'est pas, qu'il est condamné.

Il faut chercher ailleurs le corps du délit, et il n'existe évidemment que dans un vice de raisonnement des premiers juges.

Voici, en dernière analyse, comme ils ont procédé :

« L'éditeur présente comme *complet* ce qui ne l'est pas ;
» un tout n'est pas *complet* lorsqu'on en a *retranché quelque chose ;* or, l'Évangile *in*-32 n'est pas *complet,* car
» l'éditeur en a *retranché les miracles :* donc il est COUPABLE
» d'*outrage à la morale religieuse.* »

Si le tribunal eût été fondé à poser en principe, que *présenter comme complet ce qui ne l'est pas,* est un FAIT POSITIF OU UN CORPS DE DÉLIT, on n'aurait plus qu'à voir si le consultant a présenté son édition comme *complète,* et quel article de la loi punit ce fait. Mais point ; on allègue un *fait positif,* qui figure pour la forme, et l'on conclut, au fond, de l'*omission des miracles.* Il faut ajouter l'*omission des mystères;* car le même *considérant* blâme le consultant d'avoir SUPPRIMÉ les *faits miraculeux* et le *mystère de l'incarnation.* Le mot *supprimer* n'est pas plus heureux que *mutiler.* Le consultant ne supprime rien ; il n'en a pas le pouvoir ; seulement il n'INSÈRE pas ce *mystère* dans son livre : ce qui est bien différent. S'il y a là délit, saint Marc et saint Jean furent les premiers coupables ; mais ces deux apôtres eurent probablement de *bonnes raisons* de n'en pas parler. Pourquoi en supposer de *mauvaises* à d'autres ? Ajoutons, au surplus, que s'il y avait là *délit de suppression,* on ne pourrait l'imputer raisonnablement qu'aux apôtres, aux fonctionnaires publics, qui étaient, pour ainsi dire, officiellement chargés des archives de la révélation.

Du reste, que le confesseur du consultant lui dise : « Vous » n'avez péché, ni par paroles, ni par actions, il est vrai ; » mais vous avez péché par *omission :* » à la bonne heure ; qu'avant de l'absoudre, il lui impose pour pénitence la lecture des *miracles* : c'est son affaire ; mais qu'un tribunal jurique, modéré, tolérant, tourne un *cas de conscience en délit,* voilà ce qui est effrayant [1].

Le jugement dont est appel, et qui prend souvent les formes suppositives de l'accusation, adresse un dernier re-

---

[1] « Les magistrats doivent se garder des constructions dures et des » inductions forcées ; car il n'y a pas de pire torture que la torture de » la loi. C'est surtout en matière de pénalité qu'ils doivent avoir soin » de ne pas tourner les moyens répressifs en mesure de rigueur, et de » ne pas verser sur un peuple la giboulée dont parle l'Écriture : *Pluet* » *super eos, laqueos :* car la pression des lois pénales verse un torrent » de piéges sur un peuple. » BACON's *Moral and political essays,* on JUDICATURE.

proche au consultant : l'INTENTION de présenter JÉSUS-CHRIST comme un *homme* et comme un *simple philosope*.

Nous avons déjà remarqué que les suppositions incriminantes ne sont point admissibles en droit et en morale ; première justification, sur ce point, du consultant.

La seconde, qui peut dispenser de tout autre, est fondée sur les principes de la tolérance, sanctionnés par la loi civile et politique. Permission à chacun d'écouter la voix de sa conscience.

Toutes les religions reconnaissent-elles donc la divinité de JÉSUS-CHRIST ? Doit-on confesser ouvertement cette divinité, à peine d'outrage à la *morale religieuse?* Cette violence inique ne peut se naturaliser que dans un pays d'inquisition. Le vrai chrétien, au contraire, doit plaindre le sectaire qui nie, *fide et verbis*, la divinité de JÉSUS-CHRIST, et respecter la modération de celui qui, au lieu de la nier, garde prudemment le silence.

Mais, dira-t-on, l'éditeur de l'ÉVANGILE n'est pas juif. Qui sait ? Et s'il l'était, il ne serait donc pas coupable ! Faut-il qu'un éditeur commence par publier sa *profession de foi?* Ainsi, le procès de l'ÉVANGILE ne serait plus qu'une question de temps et de personne :

De personnes? puisqu'on ne pourrait atteindre un juif, qu'il faudrait féliciter, au contraire, d'adopter la morale de JÉSUS-CHRIST ;

De temps? puisqu'il suffirait à tout prévenu d'abjurer demain la croyance d'aujourd'hui, pour échapper à la vindicte publique ! ce qu'il ne faut pas trop encourager.

Quelle étrange législation que les absurdités théologiques !

En résumé, l'éditeur de l'ÉVANGILE *in-32* n'a ni *mutilé* l'ÉVANGILE ni *supprimé* les MIRACLES et les MYSTÈRES; sou-

lement, il n'a pas tout reproduit dans son édition, ainsi
qu'il l'annonce même par le titre du livre.

D'un autre côté, soit que l'on place la question juridique
dans une *omission* volontaire, soit qu'on la place dans le
silence du consultant, c'est toujours uu FAIT NÉGATIF, uue
absence de fait, qui, *ne comportant aucune intention*, ne
peut constituer un *corps de délit*.

Les principes conservateurs de toute justice, peuvent
fléchir quelquefois sous la main inquisitive de l'accusation;
mais *au jonr du jugement, on doit être justifié par ses paroles, ou condamné par elles seulement.* (*Matth.* XII, 37.)

Délibéré, à Paris, le 15 novembre 1826.